Marketing für Selbständige

Schwerpunkt Social Media

von

Stefan Wahle

Diplom-Sozialökonom

www.facebook.com/marketing.mit.social.media

www.sw-sportbuch.de

Impressum

© 2016, 2017 Copyright by Stefan Wahle, Hamburg

1. Auflage 2016

2. Auflage 2017

Autor: Stefan Wahle, Hamburg

www.sw-sportbuch.de
E-Mail: info@sw-sportbuch.de

Fan-Page von Stefan Wahle bei Facebook.com:

www.facebook.com/Stefan.Wahle.Autor

Verlag und Herstellung:

BoD – Books on Demand, Norderstedt

ISBN 978-3-7431-0063-3

Inhaltsverzeichnis

1.	Vorwort	5
2.	Das Zentrum:	
	Die eigene Internetseite	7
3.	Werbung in sozialen Netzwerken	11
3.1.	Facebook	15
3.2.	Pinterest	27
3.3.	Instagram	33
3.4.	Twitter	39
3.5.	LinkedIn	45
3.6.	Google+	51
3.7.	YouTube	55
3.8.	Tumblr	61
3.9.	Xing	63

3.10. Flickr 67

3.11. Erstellung weiterer Seiten, Blogs und Pressemitteilungen im Internet 71

3.12. ORM

Online Reputation Management 77

3.13. Die Strategie 81

3.14. Datenanalyse 84

4. Drucksachen als Werbemittel 87

4.1. Visitenkarten, Postkarten, Flyer, Plakate etc. 87

4.2. Bekleidung mit Werbeaufdruck 90

5. Erläuterung von Fachbegriffen 93

1. Vorwort

Dieses Buch ist für alle Selbständigen im weiteren Sinne, dies beinhaltet die Selbständigen im engeren Sinne (Freiberufler) sowie die Gewerbetreibenden, die ihre Produkte und Dienstleistungen günstig und zumeist in Eigenregie vermarkten wollen.

Insbesondere Unternehmensstarter mit kleinem Budget können hier viele Ideen finden, die sie selber umsetzen können.

Ich erkläre alle Möglichkeiten anhand eines praktischen Beispiels, nämlich dem Aufbau meines eigenen Unternehmens als Buchautor und Verleger. Dies dient nur der Veranschaulichung und selbstverständlich können diese praktischen Erfahrungen auf alle anderen Geschäftszweige mit ein paar individuellen Veränderungen übertragen werden.

Als ich mit dem Start meines Unternehmens im Jahre 1988 begann, waren die Möglichkeiten deutlich eingeschränkter als heute. Es gab z.B. damals noch kein Internet. Dies bedeutete, ich musste meine Produkte mit teuren Werbeanzeigen in Printmedien und in eigener Handarbeit mit der Produktion und

Verteilung von Werbezetteln sowie dem (illegalen) Kleben von Werbeplakaten dem Kunden näherbringen. Dies war mit erheblichem Arbeitsaufwand und demgegenüber bescheidenen Erfolg verbunden.

Sie haben jedoch das Glück, in den Zeiten des Internets über nahezu unbegrenzte Möglichkeiten des Marketings und das weltweit verfügen zu können.

Und ich werde Ihnen zeigen, wie es geht!

Ihr

Stefan Wahle

Buchautor und Verleger

2. Das Zentrum:
Die eigene Internetseite

Das Zentrum Ihrer gesamten Maßnahmen bildet die eigene Internetseite, mit der alles beginnt. Auf dieser stellen Sie Ihr Unternehmen, sich selber als Unternehmer und die von Ihnen Angebotenen Produkte bzw. Dienstleistungen dar.

Der Name der Internetseite sollte möglichst kurz sein und dennoch alle wichtigen Informationen enthalten. Er sollte leicht zu merken sein, ohne dass man sich diesen aufschreiben muss und die Schreibweise sollte eindeutig im Sinne von einfach sein. Wenn Sie schon beim Namen der Internetseite Ihrem potentiellen Kunden gegenüber Erklärungsbedarf haben, dann haben Sie einen Fehler gemacht.

Ich bin Autor von Lehrbüchern und Ratgebern im Sportbereich. Und so habe ich den Namen meiner Internetseite aus den

Initialen meines Namens (Stefan Wahle = SW) und meinem Produkt (Sportbücher) gebildet: www.sw-sportbuch.de

Dies ist leicht zu merken, beinhaltet eine klare Aussage über mein Produkt und zur Unterscheidung meine Initialen als Marke für meine Person.

Meinen eigenen Buch-Shop in Zusammenarbeit mit Amazon vermarkte ich unter der kurzen Domain:

www.buch.guru

Kürzer und prägnanter geht es kaum. Dies ist auch bestens geeignet für die weiteren Werbemaßnahmen, wie z.B. dem Druck auf Tassen und T-Shirts.

Also machen Sie sich darüber Gedanken:

- Was ist der Kern meines Angebotes?
- Wie kann ich mich von Mitbewerbern unterscheiden?

Und testen Sie, wie der Name bei anderen, zunächst z.B. bei Freunden und Bekannten, ankommt. Mittlerweile gibt es ja die vielfältigsten Domainendungen, genau passend zu Ihrem individuellen Angebot (z.B. .shop, .reisen, .events, .expert, .media, .sale, .bio, .cafe, .studio, .bar, .store, .pizza, .support und es gibt noch viele, viele mehr!). Sie sollten somit auch in Betracht ziehen, ob nicht eine derartig spezielle Domainendung dem Einerlei von .de oder .com vorzuziehen ist. Dadurch kann sich unter Umständen auch der Gesamtname verkürzen, was sich wieder positiv auf Merkbarkeit und Verwendbarkeit für weitere Werbemaßnahmen auswirkt.

War das Erstellen einer Internetseite früher technisch eher schwierig und man war auf die kostspielige Hilfe eines Programmierers angewiesen, so ist das heute erheblich leichter geworden. Viele Provider bieten nicht nur das Registrieren der Domain an, sondern auch sogenannte Baukästen, mit denen jeder Laie seine Internetpräsenz ohne große technische Kenntnisse selber gestalten kann. Ich habe verschiedene Provider ausprobiert und fand dabei das Angebot von **www.strato.de** am besten. Zum einen hat man vielfältige Gestaltungsmöglichkeiten für einen individuellen Auftritt und zum anderen ist die Handhabung für völlig Unbegabte dort am leichtesten. Glauben Sie mir, ich weiß wovon ich spreche, denn ein großer Computerfreak war ich noch nie.

Haben Sie sich also bei Strato Ihre persönliche Domain registrieren lassen und Ihren Internetauftritt mit dem Baukasten individuell gestaltet, geht es nun im Folgenden darum, Ihre Internetseite und damit Ihr Angebot Ihrer Zielgruppe (Ihren potentiellen Käufern und Auftraggebern) bekannt zu machen.

3. Werbung in sozialen Netzwerken

Ich stelle Ihnen nachfolgend die wichtigsten sozialen Netzwerke vor, in denen Sie Ihre Internetseite (das „Zentrum" aller Ihrer Werbemaßnahmen), Ihr Unternehmen, Ihre Person als Unternehmer sowie natürlich Ihr Angebot an Produkten und Dienstleistungen darstellen und Ihrer Zielgruppe bekannt machen können. Denn Sie wissen ja, Ihr Produkt kann noch so gut sein, wenn es keiner kennt, kann es auch keiner von Ihnen kaufen. Unser Ziel ist es also, maximale Bekanntheit zu erreichen. Jedes soziale Netzwerk hat Besonderheiten und verschiedene Möglichkeiten, Ihre Werbemaßnahmen umzusetzen. Obwohl wir Schwerpunkte setzen werden und dies auch machen müssen, sollten Sie auf allen hier genannten Plattformen präsent sein, da Sie jeweils dadurch andere und dann letztendlich insgesamt mehr Menschen erreichen und damit Ihren Bekanntheitsgrad erhöhen.

Ich muss noch eine heikle Sache ansprechen, über die Sie sich unbedingt Gedanken machen müssen. Viele sind ja schon privat auf den sozialen Netzwerken unterwegs. Ich würde Ihnen dringend empfehlen, dies zukünftig zu unterlassen oder aber wenigsten dies nicht unter Ihrem „Klarnamen" (Ihrem echten Namen) zu tun. Ihre Kunden werden sich natürlich über Sie informieren wollen und Ihren Namen in die Suchmaske z.B. bei Facebook eingeben. Wenn Sie dann nicht nur, wie von Ihnen ja ursprünglich so gewollt, auf Ihr seriöses Angebot für „Finanzdienstleistungen", sondern auch noch die letzten Fotos Ihrer Saufparty am Ballermann auf Mallorca stoßen, könnte das Ihrem Geschäft schaden. Wenn Sie eine Sicherheitsfirma betreiben, könnte es zu einem Sicherheitsrisiko werden, wenn Sie auf Facebook Fotos Ihrer Frau und von Ihren Kindern posten. Gerade wenn man in heiklen Bereichen tätig ist, könnte das gefährlich für

Ihre Familie werden und Sie angreifbar machen. Das sind nur Beispiele, um Ihnen den Ernst der Lage aufzuzeigen und Sie zum Nachdenken anzuregen. Also ist eine klare Trennung von Geschäft und Privat empfehlenswert. Auch ich als Buchautor von u.a. Kampfsportbüchern wurde schon massiv bedroht, weil irgendwelche Spinner mir persönlich zeigen wollten, wie es „richtig" geht. Und da möchte ich natürlich nicht, dass meine Familie und meine Freunde mit hineingezogen werden. Somit veröffentliche ich keinerlei private Details.

Themen, wie Politik und Religion, sollten Sie unbedingt vermeiden. Sie polarisieren damit nur und schaden damit Ihrem Image. Das schreckt viele potentielle Kunden ab. Also lassen Sie es einfach und verhalten sich diesbezüglich neutral.

3.1. **Facebook**

Die Plattform Facebook wurde von Mark Zuckerberg initiiert und ging 2004 an den Start. 2007 wurden die „Seiten/Pages" eingeführt, die gewerblichen Zwecken dienen. Damit können sich dann neben den Privatpersonen mit ihren persönlichen Profilen (Privat-Account mit Timeline/Chronik, in der alle Posts chronologisch, das Aktuellste zuoberst, gelistet sind) auch Unternehmen und ihre Produkte darstellen. Seit 2009 gibt es den „gefällt mir Button", mit dem man seine positive Zustimmung zu einem Beitrag kundtun kann. Facebook kaufte 2012 Instagram und 2014 zusätzlich WhatsApp und hat heute mehr als 1,6 Milliarden Nutzer mit einer Altersstruktur zwischen 20-35 Jahren. Heraus sticht dabei die globale Reichweite dieses Mediums, die Filtermöglichkeiten (wen möchte ich mit meiner Werbung ansprechen) sowie die internen Analysewerkzeuge. Interessant finde ich auch, dass 1/3 der Nutzer sogenannte „Freunde" bei Facebook haben, die sie noch nie persönlich gesehen haben.

Zunächst beginnt also alles damit, dass Sie sich als Privatperson mit einem „persönlichen Profil/Privat-Account" bei Facebook registrieren. Ich habe dies für mich als Buchautor gemacht. Ich stelle dort meine Person dar, meine veröffentlichten Bücher und poste dort Neuigkeiten, wenn ich Lesungen gebe oder an Buchmessen teilnehme. Ich nehme auch regelmäßig als Sportler an diversen Volksläufen in Norddeutschland teil. Dort trage ich natürlich meine Sportbekleidung mit dem Aufdruck meiner Internetpräsenz www.sw-sportbuch.de. Die auf diesen Veranstaltungen gemachten Fotos sowie die Presseberichte darüber poste ich auf meinem persönlichen Profil als Buchautor. Dies dient der Information für meine Freunde und Fans, die mehr über meine Tätigkeit als Autor von Sportbüchern und mich als Sportler wissen möchten. Mein Profil finden Sie hier: www.facebook.com/autor.stefan.wahle

Als zweiten Schritt kann ich nun „Seiten" für gewerbliche Zwecke einrichten. Das kann z.B. eine Seite für mein Unternehmen als Verlag sein. Dort stelle ich dann meinen Verlag und die publizierten Bücher vor. Den sogenannten „Call-to-action-Button" auf dieser Seite richte ich so ein, dass man beim Anklicken auf meine Internetpräsenz www.sw-sportbuch.de umgeleitet wird. Dort erhält man dann noch mehr Informationen über mein Unternehmen, die angebotenen Produkte und hat unter Umständen die Möglichkeit, über einen dort eingerichteten Shop die Produkte direkt online zu erwerben. Ich könnte den Button aber auch direkt mit meinem Buch-Shop in Zusammenarbeit mit Amazon www.buch.guru verlinken. Diese Seiten sind auch ohne eine Anmeldung bei Facebook durch den

Internetnutzer aufrufbar. Dies ist ein wesentlicher Unterschied zum Profil, das nur andere Facebook-Nutzer nach Anmeldung aufrufen können. Es gibt des Weiteren interne Analysewerkzeuge. Mit den Seitenstatistiken können Sie den Erfolg Ihrer Seite kontrollieren.

Neben dieser Unternehmens-„Seite" kann ich aber auch für einzelne Produkte, deren Verkauf ich besonders fördern möchte, eine Produkt-„Seite" einrichten. Ich habe z.B. für das einzelne Buch „Krav Maga 2 - Waffenabwehr" eine einzelne Seite bei Facebook eingerichtet. Diese finden Sie hier: www.facebook.com/KravMaga2.Waffenabwehr Den dortigen „Call-to-action-Button" habe ich direkt als „Jetzt einkaufen"-Button mit dem Angebot bei Amazon als Einzellink verbunden. Ich habe eine Kooperation mit Amazon und erhalte für jeden Kauf, der über diese Verlinkung erfolgt, von Amazon eine zusätzliche Verkaufsprovision. Ich verdiene an diesem Buch somit als Autor, als Verleger und erhalte zusätzlich vom Buchhändler Amazon für die Vermittlung des Endkunden eine Provision. Das ist eine Ertragsoptimierung. Da Amazon ja eine Vielzahl unterschiedlicher Produkte anbietet, ist auch für andere Produktgruppen eine derartige Kooperation möglich. Auf der speziellen Produkt-„Seite" bei Facebook informiere ich die potentiellen Käufer über das Buch, alle Aktionen drumherum (Präsentationen, Buchmessen etc.) sowie über das Thema Selbstverteidigung allgemein. Sie müssen Ihre Leads durch interessante Text- und Fotobeiträge bei der Stange halten und sich als kompetenten Anbieter darstellen. Das würde bei mir z.B. über die erfolgreiche Teilnahme an Sportveranstaltungen (in diesem Fall als Teilnehmer an Kampfsportturnieren oder Referent auf großen Kampfkunst-Seminaren und Lehrgängen) erfolgen.

Gefällt jemanden Ihre Seite oder einzelne Beiträge, so kann er dies mit dem Anklicken des „Gefällt mir"-Buttons ausdrücken. Eine positive Steigerung wäre dann noch, wenn der Betreffende Ihren Content auf seinem eigenen Profil oder in einer Gruppe „teilt", da Sie dadurch eine virusartige Verbreitung Ihres Beitrages/Postings erreichen. Für Ihre Seite können Sie diverse Administratoren, die natürlich selber jeweils über ein privates Profil verfügen müssen, einsetzen, die Sie bei der Verwaltung Ihrer Seite, dem Bedienen mit Content und dem Kontakt mit Ihren Leads unterstützen. Sie müssen ständig kommunikationsbereit sein und insbesondere auch auf negative Kritik sofort und sachlich reagieren können.

Haben Sie also Ihr Profil und Ihre Seiten für Unternehmen und einzelne Produkte eingerichtet, so sollten Sie sich diversen „Gruppen" mit entsprechend passenden Interessen auf Facebook anschließen. In meinem Fall wären das z.B. Gruppen mit Interessen passend zu meinen Buchthemen. Zu meinem Krav Maga Buch würden Gruppen mit den Interessen „Krav Maga" oder „Selbstverteidigung" passen. Zu meinem Reiseführer über Palma würden wiederum die Interessengruppen „Palma", „Mallorca" „Spanien", oder „Reisen" passen. Es existieren unzählige Gruppen mit tausenden von Mitgliedern, die sich für dieses eine Thema, passend zu meinem Produkt (!), interessieren. Dort werde ich Mitglied mit meinem Profil als Buchautor und stelle mich und mein passendes Produkt vor. Natürlich darf ich nicht nur schnöde Werbung betreiben, was eher abschreckend wirkt, sondern muss die anderen Mitglieder mit interessantem Content/Inhalt versorgen. Das können z.B. schöne Strandfotos und das Anfüttern mit ein paar Insider-Informationen über das Reiseziel sein. Wenn man Sie als kompetenten Fachmann für Ihr Spezialgebiet wahrnimmt, wird sich das auch positiv auf Ihr Produkt und dessen Absatz auswirken.

Bislang war alles hier Beschriebene zum Thema Facebook kostenlos. Um Ihre Seiten auf dieser Plattform bekannt zu machen (Erhöhung der Reichweite), insbesondere bei Ihren potentiellen Kunden, kommen Sie nicht darum herum, kostenpflichtige Anzeigen zu schalten. Sie können wieder Ihre Unternehmensseite, Ihre Seite für einzelne Produkte oder ein Produkt mit Direktverlinkung zum Shop bewerben. Ich würde also eine Anzeige für mein Krav Maga Buch mit der Abbildung des Covers, einem kurzen Informationstext („Neues Buch Krav Maga") und einem Einzellink (natürlich wieder mit Provisionsbeteiligung von Amazon für mich) zum Angebot bei Amazon schalten. Der große Vorteil ist, dass ich die Zielgruppe für meine Anzeige genau definieren kann. Ich möchte Männer und Frauen ab 18 Jahren ansprechen, die in deutschsprachigen

Ländern leben (weil mein Buch auf Deutsch ist) und Interesse an Krav Maga oder Selbstverteidigung haben (Inhalt des Buches). Alle diese Voraussetzungen sind Facebook aufgrund der Angaben in den Profilen bekannt. So kann meine Anzeige direkt und ausschließlich diesem ausgewählten Kreis gezeigt werden. Kosten fallen für mich in dem Moment an, in dem der interessierte Betrachter meiner Anzeige diese anklickt und auf meine Seite oder direkt in den Shop zum Produkt weitergeleitet wird. Die Kosten für diesen Klick bewegen sich im Cent-Bereich und sind von der Höhe her nicht festgelegt. Sie berechnen sich im Auktionsverfahren. Sie haben aber natürlich die Möglichkeit, ein Werbebudget festzulegen. Ich habe z.B. meine Buchwerbung für diese eine Anzeige zunächst auf zwei Euro pro Tag begrenzt. Sind diese zwei Euro aufgrund der Menge der Klicks ausgeschöpft, wird die Anzeige für diesen Tag nicht weiter geschaltet. Am nächsten Tag geht es dann weiter. Auch zeitlich können Sie dann die Dauer der Kampagne festlegen. So haben Sie die Kosten jederzeit im Griff und Überblick und können evtl. den Erfolg verschiedener Anzeigen testen und mit den daraus resultierenden effektiven Verkäufen abgleichen.

Hier geht es zum nach Anmeldung aufrufbaren Werbeanzeigenmanager: www.facebook.com/ads/manager/creation/creation

<u>Arbeitsschritte</u>

- rufen Sie www.facebook.com auf,
- füllen Sie das Registrierungsformular auf der Startseite aus und richten so ein persönliches Profil ein,
- laden Sie ein Profilbild hoch,
- auf der linken Seite oben in der Menüleiste klicken Sie auf „Profil bearbeiten", dann können Sie Ihr Titelbild hinzufügen und die

„Informationen aktualisieren" (mit Ihren Kontaktdaten, Beruf etc.),
- wollen Sie eine Seite erstellen, klicken Sie oben rechts auf den Pfeil nach unten, es klappt eine Menüleiste auf und die oberste Option ist „Seite erstellen"; dort können Sie auch Gruppen erstellen oder finden und Werbeanzeigen schalten,
- wählen Sie die Art Ihrer Seite aus (z.B. für Ihr Unternehmen oder Ihr/e Produkt/Marke),
- wählen Sie eine Kategorie für Ihre Seite aus, bestimmen den Namen der Seite und bestätigen mit „Los geht´s"; folgen Sie den weiteren Arbeitsschritten inkl. Zielgruppenbestimmung,
- laden Sie ein Titelbild hoch und ergänzen die Daten unter dem Menüpunkt (linke Leiste) „Info" mit allen dort erforderlichen Angaben.

3.2. Pinterest

Pinterest ist eine 2010 eingeführte visuelle Plattform, organisiert in Pinnwänden und nach Themen. Hierbei werden hochwertige Fotos mit passendem Inhalt auf diesen Themen-Pinnwänden mit kurzen Beschreibungstexten veröffentlicht („angepinnt"). Ich habe nun wieder bei der Neuveröffentlichung meines Krav Maga Buches eine Abbildung des Covers mit kurzer Inhaltsbeschreibung (Vorstellung des Produkts) und Link zum Angebot bei Amazon (Stichwort „Monetarisierung") auf den Pinnwänden zu den Themen „Sportbücher" und „Krav Maga" platziert. Sie können dabei an bestehenden Pinnwänden teilnehmen oder eigene einrichten. Beachten Sie dabei die relevante Bezeichnung der Pinnwand. Bieten Sie Autos an, sollte dies auf der „Auto-Pinnwand" geschehen. Der Kernpunkt ist die richtige Kategorie, damit Sie mit Ihrem Produkt und dessen Vorstellung auch die richtige Zielgruppe erreichen. Interessant finde ich eine Erhebung, nach der die durchschnittlichen Ausgaben für Käufe von weitergeleiteten Nutzern bei Pinterest 185 $ und bei Facebook dagegen nur 85 $ betrugen. Wenn jemand also zum Kauf animiert werden konnte, so hat er deutlich mehr ausgegeben, sofern er über die Plattform Pinterest kam. Pinterest sollte man also nicht unterschätzen.

Schauen Sie sich doch mal mein Profil bei Pinterest an:

https://de.pinterest.com/sawahqigong/

Checkliste Pinterest

- das Bild, seine Zusammensetzung sowie dessen Qualität sind das Maß aller Dinge auf dieser Plattform,
- die Beschreibung zum Bild sollte klar und passend sein,
- unter den Text gehört ein direkter Link zum Produkt im Shop oder zumindest zum Produkt auf Ihrer Internetseite,

- wichtig ist die Transparenz, also Angabe von Quelle, Ort und Preis,
- Integration, das heißt, Sie verbinden Pinterest mit Facebook, so dass auch die Nutzer von Facebook von Ihren auf Pinterest veröffentlichten Fotos erfahren,
- wählen Sie die richtige Pinnwand, zu der Ihr Foto bzw. Ihr Produkt passt oder erstellen Sie eine eigene Pinnwand mit passender Kategorie und Beschreibung.

Arbeitsschritte zur Anmeldung

- rufen Sie www.pinterest.com auf,
- klicken Sie oben rechts den Button „Anmelden" an,
- es erscheint ein Fenster „Bei Pinterest anmelden"; Sie können sich hier mit einem bestehenden Facebook- oder Google-Konto anmelden und müssen sich dann nicht erneut registrieren;

wir wählen das Facebook-Konto, das wir unter Kapitel 3.1. bereits eröffnet haben,
- es poppt ein Fenster auf und wir müssen die Anmeldedaten von Facebook eingeben (E-Mail + Passwort); dann bestätigen Sie „Als.....fortfahren",
- bei Schritt 1 stellen Sie dann einen individuellen Start-Feed mit Themen, denen Sie folgen wollen, zusammen,
- Schritt 2 mit dem Pinterest-Browserbutton überspringen wir („Überspringen" unten anklicken und bestätigen); der Avatar mit Ihrem Foto von Facebook wird übernommen,
- klicken Sie oben rechts das Männchen an und Ihr Profil erscheint; unten mit dem großen roten Button „Eine Pinnwand erstellen" können Sie dies tun und Ihre Produkte präsentieren; das Profil können Sie durch Anklicken

des „Stiftes" in der Kopfzeile Ihres Profils ergänzen (durch z.b. Kurzinfo, Impressum, Website); durch Anklicken der „Schraubenmutter" können Sie „Grundlegendes zum Konto" ändern (z.b. E-Mail, Passwort, Sprache, Land, Konto deaktivieren); durch Anklicken der „Punkte" können Sie Freunde suchen, um Hilfe bitten, sich abmelden etc..

3.3. Instagram

Instagram wurde im Oktober 2010 gegründet und war zu Beginn nur auf iOS verfügbar. Nachdem es 2012 auch auf Android lief, wurde es innerhalb von einer Woche von Facebook aufgekauft. 2014 wurde die Nutzeranzahl von 300 Millionen überschritten und lag im September 2015 bereits bei insgesamt 400 Millionen, 9 Millionen davon in Deutschland. Der Fokus dieser Plattform liegt auf der Veröffentlichung von Fotos und Videos mit Begleittexten ohne Zeichenlimit (!) sowie den äußerst wichtigen Hashtags (#; Schlagworte). Diese Hashtags/Schlagworte erlauben es anderen Nutzern gemäß Ihren Interessen nach Veröffentlichungen zu suchen, womit sie dann gezielt auf Ihre dazu passenden Produkte stoßen. Ich würde hier also wieder mein Krav Maga Buch mit der Cover-Abbildung, einem Beschreibungstext mit Link zu Amazon und den Schlagworten

#kravmaga, #selbstverteidigung, #kampfsport, #bücher usw. präsentieren.

Diese Plattform dient aber auch der Image-Pflege. So würde ich hier auch Bilder und Videos meiner Lesungen, Buchpräsentationen und Sportveranstaltungen posten.

90% der Nutzer sind zwischen 13-34 Jahre alt und interessieren sich in erster Linie für die Themen Sport, Mode und Entertainment.

Beachten Sie, das Instagram nur für mobile Geräte ausgelegt ist. **Also das Hochladen von Inhalten ist nicht vom PC aus möglich!** Aber z.B. mit dem iPad ist das überhaupt kein Problem und Sie können sich zumindest über den PC anmelden.

Gefällt einem anderen Nutzer Ihr Post, kann er dies mit dem Herz (sozusagen dem hiesigen „gefällt mir"-Button) signalisieren. Durch einen Re-gram hat man die Möglichkeit, Fremdfotos wiederzuposten, also zu teilen.

Zwischen den Nutzern sind auch Direktnachrichten möglich.

Wichtig ist genau wie bei Pinterest auch hier die Bildqualität. Ihnen stehen interne Bildbearbeitungstools zur Verfügung. Bauen Sie sich eine Community auf, die Ihnen und Ihren Posts folgt. Posten Sie regelmäßig Inhalte (natürlich nie ohne Grund!), damit man nicht das Interesse an Ihnen verliert und promoten Sie Ihre Inhalte auf Instagram mithilfe von anderen Plattformen.

Nur für Instagram gibt es das externe Analyseprogramm „locowise.com", mit dem Sie Zielgruppe, Beschäftigung und zeitliche Optimierung analysieren können.

Die Instagram-App kann z.B. für das iPad oder iPhone im App-Store oder für Android im Google Play Store heruntergeladen werden.

Kleiner Hinweis: Um auf Instagram Werbung schalten zu können, müssen Sie ein Facebook-Werbekonto besitzen.

Mein Profil zu Anschauungszwecken finden Sie hier:

https://www.instagram.com/sawahqigong/

<u>Arbeitsschritte zur Anmeldung über den PC</u>

- rufen Sie www.instagram.com auf,
- hier können Sie sich wieder mit Ihrem bestehenden Facebook-Konto anmelden, der Button ist auf der Startseite nicht zu übersehen; damit die Daten übernommen werden können, müssen Sie mit „OK" bestätigen,
- klicken Sie oben rechts das „Männchen" an und Ihr Profil erscheint; neben Ihrem Namen ist der Button „Profil bearbeiten", klicken Sie diesen an und ergänzen Sie die

fehlenden Angaben (Webseite, Biografie etc.),
- durch Anklicken der „Punkte" auf dem Profil, können Sie sich abmelden,
- beachten Sie, dass Sie Fotos nicht über den PC, sondern ausschließlich über mobile Endgeräte hochladen können (Handy, Tablet etc.).

3.4. Twitter

Twitter wurde 2006 gegründet und erhielt 2013 sein Patent. Seit 2010 gibt es Werbung auf Twitter. Die meisten Tweets (Posts) gab es übrigens beim WM-Finale 2014 mit 680.000 Stück pro Minute. Durchschnittlich werden 10.000 pro Sekunde veröffentlicht (getwittert).

Bei diesem Microblogging-Dienst handelt es sich um ein Sofort-Medium, bei dem die Nutzer kurze „Tweets" mit zurzeit noch maximal 140 Zeichen (es wurden bereits 10.000 diskutiert) verfassen und sofort veröffentlichen. Die sogenannten „Follower" abonnieren dann diese Tweets von den Nutzern, die sie interessieren. Auch hier werden zwecks Auffindbarkeit die Tweets mit den bereits an anderer Stelle erwähnten Hashtags/Schlagworten (vorgestelltes Zeichen: #; z.B. #mode, #sport, #spd) gekennzeichnet.

23% aller erwachsenen Internetnutzer verwenden Twitter. Die meisten davon haben ein Studium absolviert. 80% sind mobile Nutzer. Der Vorteil liegt in der schnellen und viralen Verbreitung (virale Verbreitung durch Retweets, also das erneute Veröffentlichen von Fremdtweets) von Nachrichten auf der einen und den schnellen Informationsmöglichkeiten auf der anderen Seite. Die Attraktivität dieses Mediums wird auch dadurch gesteigert, dass Interaktionen mit Promis möglich sind.

Tweets kann mit Kennzeichnung ohne weiteren Kommentar zugestimmt werden (Herz unter dem Post klicken). Diese „gefällt mir"-Funktion hieß hier früher „favorisieren".

Will man einen Nutzer in seinem Tweet erwähnen („Erwähnung") so wird sein Benutzername mit vorangestelltem „@" genannt (z.B. @StefanWahle, mein Twitter-Benutzername). Auch auf Twitter gibt es

Direktnachrichten, also private Nachrichten zwischen zwei Nutzern.

Trends lassen sich leicht durch die meistverwendeten Hashtags ablesen. Hier können Sie also Marktforschung betreiben und sich auch über die Konkurrenz und deren Angebot informieren. Vor Verwendung eines Hashtags sollten Sie diesen jedoch überprüfen. Inwieweit wurde dieser verwendet und ist er eher positiv oder negativ vorbelastet. Sie haben auch die Möglichkeit, auf den Zug beliebter Hashtags aufzuspringen und mit der eigenen Werbung zu verbinden (z.B. bei Erscheinen des neuen Filmes benutzen Sie auch „#starwars"). Jeder, der sich für Star Wars interessiert und nach diesem Schlagwort sucht, wird dann auf Ihren Werbe-Tweet stoßen.

Der angeschlagene Ton ist bei diesem Medium nicht so locker wie bei Facebook, sondern seriöser. Darauf sollten Sie achten, um nicht unangenehm aufzufallen.

Habe ich ein neues Buch veröffentlicht, teile ich dies kurz auf Twitter mit, z.B.

„Neue Buchveröffentlichung Qigong des fliegenden Kranichs (Link zu Amazon verkürzt durch www.bitly.com), #qigong #taichi #tcm"

Die meisten Links sind für die 140 Zeichen bei Twitter zu lang. Durch den Service bei www.bitly.com kann man den Link verkürzen lassen, so dass es wieder passt, dieser aber dennoch funktioniert.

Wenn ich auf der Buchmesse bin, kann ich meine Leser über kurze Tweets mit meinem mobilen Endgerät von vor Ort auf dem Laufenden halten. Schneller und aktueller geht es nicht...

Auch über Termine und Veranstaltungen zu meinen Büchern, in Ihrem Fall wären es Ihre

Produkte, kann ich schnell und unkompliziert informieren.

Auf Twitter gibt es ebenso Analysewerkzeuge, um alles über Follower, Tweet-Aktivität, Impressionen (wie oft wurde der Tweet gesehen) und Profilbesuche zu erfahren.

Unter „ads.twitter.com" können Sie Anzeigen auf diesem Medium schalten, die dann mit dem Hinweis „gesponsert" veröffentlicht werden. Die Zielgruppenauswahl erfolgt dabei ähnlich wie bei Facebook, was schon beschrieben wurde.

Auf Twitter bin ich hier zu finden:

https://twitter.com/StefanWahle

<u>Arbeitsschritte</u>

- rufen Sie www.twitter.com auf,

- klicken Sie oben rechts „Registrieren" an und füllen Sie das sich öffnende Formular aus,
- verifizieren Sie Ihre Handy-Nummer,
- wählen Sie einen Nutzernamen, dieser sollte den Namen enthalten, unter dem Sie Ihr „Geschäft" betreiben (damit Sie Ihre Kunden erkennen),
- folgen Sie den weiteren Arbeitsschritten (Interessenangaben, Freunde finden etc.),
- vergessen Sie nicht, zwischendurch Ihre E-Mail-Adresse zu bestätigen; eine entsprechende Mail müsste sich jetzt bereits in Ihrem Mail-Account befinden,
- nun können Sie damit beginnen, Ihr Profil zu ergänzen (Foto für Avatar/Profilbild, Header-Bild etc.) und dann verfassen Sie Ihren ersten Tweet.

3.5. LinkedIn

LinkedIn ist ein Berufsnetzwerk mit 300 Millionen Mitgliedern in 200 Ländern, das 2003 online ging. 2005 erfolgte die Monetarisierung durch Einführung von Premiuminhalten. Seit 2006 arbeitet man dort profitabel. Ursprünglich diente das Portal ausschließlich der Rekrutierung von Mitarbeitern bzw. deren Jobfindung. Man veröffentlichte seinen digitalen Lebenslauf, der dann von Personalverantwortlichen gesichtet wurde. Dieses Netzwerk sollte jeder nutzen, der berufstätig ist. Inzwischen findet auch ein allgemeiner Austausch zwischen der Geschäftswelt dort statt. Der Fokus liegt hier auf professionellem Auftreten. Es handelt sich sozusagen um das „Geschäftsessen" unter den sozialen Netzwerken und der angeschlagene Ton ist entsprechend seriös. Hier bietet sich nun für Sie die Möglichkeit, sich als professioneller Unternehmer, als Persönlichkeit, mit allen Ihren Fähigkeiten und Kompetenzen darzustellen. Sie können mit anderen Unternehmern Kontakt aufnehmen und ins Geschäft kommen. Auch als Recherchemöglichkeit über Konkurrenten ist dieses Medium interessant. Die direkte Werbung für Ihre Produkte steht hier nicht im Vordergrund. Dennoch sollte man Sie als Person und Unternehmer hier vorfinden, wenn man nach Ihnen sucht.

Das Alter der Nutzer ist hier im Vergleich zu anderen Plattformen mit 30-49 Jahren deutlich höher.

Auch ich bin natürlich hier zu finden:

https://www.linkedin.com/in/stefan-wahle-90119831?trk=hp-identity-photo

www.linkedin.com

Gruppen bei LinkedIn

In der Kopfzeile unter dem Menüpunkt „Mehr" finden Sie weitere LinkedIn-Produkte. Klicken Sie den Button Gruppen an. Nun können Sie zu Ihrem Unternehmen und zu Ihren angebotenen Produkten/Dienstleistungen passende Gruppen finden. Werden Sie dort Mitglied und präsentieren Sie dort Ihr Unternehmen und Ihre Produkte. Tauschen Sie sich mit potentiellen Kunden und konkurrierenden Unternehmern aus. Sie konnen aber auch eine eigene Gruppe mit einem passenden Interessengebiet generieren.

Arbeitsschritte

- rufen Sie die Seite www.linkedin.com auf;
- im Vordergrund erscheint ein Fenster mit einem Formular „Jetzt gratis registrieren", dies füllen Sie aus (Vorname, Nachname, E-Mail,

Passwort) und klicken auf den Bestätigungsbutton;
- geben Sie die weiteren abgefragten Daten ein (Jobbezeichnung, Unternehmen, z. B. bei mir: Buchautor, frei), Interessen;
- Sie haben inzwischen an Ihre E-Mail-Adresse einen Bestätigungscode gesandt bekommen, den Sie nun eingeben müssen;
- Sie können dann Ihre E-Mail-Kontakte nach LinkedIn importieren, wenn Sie möchten; danach können Sie optional auch eine App auf Ihrem Handy installieren;
- als nächsten Schritt fügen Sie Ihr Unternehmerfoto als Profilbild hinzu, danach können Sie noch zu Ihrem Unternehmen passende Interessengebiete auswählen, denen Sie folgen möchten;

- Ihr Profil steht nun und Sie können es nach Belieben mit weiteren Daten (z.B. Ausbildung, Beschäftigungszeiten, Kenntnissen, Zusammenfassung Ihrer Berufserfahrung und Interessen, frühere Positionen) ergänzen;
- Sie können sogenannte Artikel schreiben und so Ihr Unternehmen und die angebotenen Produkte mit einem Foto und beschreibenden Text darstellen.

3.6. Google+

Um alle Google-Dienste nutzen zu können, muss man sich nur einmal registrieren. Das sollten Sie unter Ihrem richtigen Namen machen, da Sie sich ja als Unternehmer „zeigen" wollen. Sie sind mit Ihrem Namen Ihre eigene Marke, die Sie bekannt machen müssen. Ich habe mich also mit meinem Namen stefan.wahle registriert und dann auch die Mailadresse stefan.wahle@gmail.com erhalten. Ob Sie die Mailadresse letztendlich verwenden wollen, ist eine andere Sache, aber zumindest eine Option für Sie, die dazu gehört. Google+ war ursprünglich dazu konzipiert worden, Facebook Konkurrenz zu machen. Das ist jetzt nicht so ganz gelungen; das Angebot der Plattform ist aber ähnlich und sollte unbedingt von Ihnen genutzt werden. Sucht jemand über die Google-Suchmaschine nach Ihnen und Ihren Produkten, so werden Ihr Google+-Profil und die dort eingestellten Fotos in der

Ergebnisliste aufgeführt. Sie sind präsent und werden gefunden!

Sie geben hier wieder alle Ihre Firmenkontaktdaten an, laden ein professionelles Portraitfoto von sich als Unternehmer als sogenanntes „Avatarfoto" und später als Profilfoto hoch und können dann Ihre Produkte mit Fotos, ausführlichen Beschreibungen und wieder den besagten Links direkt zum Shop oder zu Amazon vorstellen. Selbstverständlich sollten Sie auch anderen interessanten Content, wie Teilnahme an Messen, Veranstaltungen etc. posten. Ich poste als Autor die Cover meiner Bücher mit den dazugehörigen Klappentexten und den Verkaufslinks zu Amazon bzw. in meinen eigenen Buch-Shop www.buch.guru. Daneben berichte ich über durchgeführte Lesungen und die Teilnahme an Buchmessen und Sportveranstaltungen. Immer mal wieder informiere ich auch hier über interessante Aspekte aus meinen Themengebieten Sport und Reisen. Damit stelle ich mich als kompetenten Fachmann auf diesen Gebieten dar, was sich positiv auf die von mir angebotenen Produkte Sportbücher und Reiseführer auswirkt. Gleichzeitig unterhalten Sie Ihre Follower und langweilen diese nicht durch ausschließliche Werbung.

Bei Google+ finden Sie mich hier:

https://plus.google.com/u/0/107231473358076243267

<u>Arbeitsschritte</u>

- rufen Sie www.google.de auf,
- oben rechts „Anmelden" anklicken,
- im unteren Bereich „Konto erstellen" anklicken,
- Datenmaske vervollständigen; Sie erhalten dann eine E-Mail-Adresse und können auch die anderen Dienste von Google (u.a. YouTube, Google Mail, Google+, Drive etc.) nutzen,

- wieder auf der Ausgangsseite von www.google.de, können Sie durch das Anklicken des Punkte-Quadrats oben rechts die Google-Apps aufrufen, wählen Sie Google+,
- auf der Google+-Seite haben Sie links eine Menüleiste; klicken Sie auf „Bei Google+ anmelden" und vervollständigen Sie das aufpoppende Formular und bestätigen mit „Profil erstellen",
- laden Sie ein Bild für Ihren „Avatar" hoch, damit jeder Sie erkennt,
- rufen Sie im Menü auf der linken Seite „Profil" auf; nun können Sie Ihr Profil vervollständigen, indem Sie rechts auf „PROFIL BEARBEITEN" klicken, dann können Sie Ihr Profilfoto hochladen; klicken Sie auf „ÜBER MICH", können Sie Ihre Kontaktdaten usw. eingeben,
- nun können Sie Ihren Content eingeben.

3.7. YouTube

YouTube wurde 2005 gegründet und diente dem Teilen von selbst erstellten Videos. Die Plattform wurde 2006 von Google gekauft, so dass Sie sich hier nun nicht noch einmal extra registrieren müssen, sondern den Dienst mit Ihrem unter Kapitel 3.6. eingerichteten Google-Account nutzen können. Ein Google-Account ist Voraussetzung!

Sie müssen hier nur noch Ihren „Kanal", Ihr Profil einrichten bzw. gestalten, wo Sie dann Ihre Videos veröffentlichen. Dafür brauchen Sie ein zum Thema passendes Kanalbild und ein Kanalsymbol. Ich als Buchautor habe zum Beispiel ein Foto von mir vor einem Buchpräsentationsregal auf der Frankfurter Buchmesse genommen. Damit habe ich mich als Buchautor und Verleger professionell dargestellt und jeder weiß nun zusätzlich, dass es hier um das Thema Bücher geht.

Seit 2007 ist das Schalten von Werbung hier möglich und seit 2011 gibt es sogar live Streaming, das heißt Sie können direkt und live berichten.

Der Vorteil dieser Plattform ist, dass man sich ansehen kann, was man will und wann man es will. Die Inhalte sind dabei leicht zu konsumieren. Für Sie als Anbieter besteht hier die Möglichkeit, durch Produktvorstellungsvideos Ihre Produkte und deren Nutzen vorzustellen. Auch hier können Sie wieder über Veranstaltungen, Messen oder Ihr Unternehmen allgemein etc. per Video berichten. Nachteile sind natürlich der hohe Zeitaufwand für die Produktion dieser Videos und die hohen Kosten der Contentkreation. Ich als Autor von Sportbüchern und Reiseführern könnte über YouTube einzelne Techniksequenzen aus meinen Sportlehrbüchern oder kurze Videos über Reiseimpressionen veröffentlichen, um die Zuschauer zum Kauf meiner Bücher zu animieren. Es lohnt sich, auch hier präsent zu sein und seinen Ruf als Fachmann für sein Spezialgebiet auszubauen.

Der von Ihnen eingerichtete „Kanal", über den Sie Ihre Videos veröffentlichen, kann von anderen abonniert werden. Die Leute, die Ihnen hier folgen, werden auf dieser Plattform Abonnenten genannt. Auch hier spielt wieder virales Marketing durch „teilen" Ihrer veröffentlichten Videos eine große Rolle. Ihr Kanal muss durch eine passende Beschreibung, die seinen Inhalt treffend wiedergibt, individualisiert werden (Kanalbeschreibung). Unter jedes Video gehört auch ein Beschreibungstext des Inhaltes (Videobeschreibung). Dieser muss natürlich so interessant formuliert sein, dass die Leute dazu animiert werden, sich Ihr Video anzuschauen. Sie müssen dann Ihre Videos in diesem Kanal auf Ihrer Internetpräsenz, bei Google+, in Ihren Blogs und bei Facebook verlinken. Auch eine allgemeine Verlinkung Ihres Kanals sollte bei Facebook und auch in umgekehrte Richtung erfolgen. Beide Plattformen und Ihr Angebot darauf profitieren davon wechselseitig. Sie können aber auch Ihren Kunden die Links zu den Videos im Rahmen eines Newsletters oder einer gezielten Werbekampagne per E-Mail zusenden.

Wie auch schon auf anderen Plattformen ist hier das Versehen der Videos mit einschlägigen „Tags" (Schlagworten) wichtig für deren Auffindbarkeit.

Die gewählte Kategorie für Ihren Kanal muss natürlich relevant sein. Ich habe mich für meine Sportbücher für den Bereich „Sport" entschieden.

Bei YouTube ist ein aktives Management gefragt. Sie müssen auf Kommentare zu Ihren Videos reagieren, sonst verärgern Sie wohlmöglich die Konsumenten. Dabei ist das Niveau hier manchmal etwas schwierig und man könnte dazu gezwungen sein, einzelne Kommentare zu entfernen, was allerdings auch wieder problematisch sein kann. Denn auch diese „Zensur" kann negativ wahrgenommen werden.

Den Erfolg Ihrer Kampagnen können Sie hier durch die Zahl der Abonnenten, die Aufrufe der einzelnen Videos und die Bewertungen ablesen. Dabei ist jedoch die Demografie-Auswertung nicht möglich, da sich die Nutzer nicht anmelden müssen, um Ihre Videos zu konsumieren.

Es ist auch möglich, auf YouTube kostenpflichtige Video-Anzeigen zu schalten.

www.youtube.com bzw. über www.google.de anmelden

Arbeitsschritte

- www.google.de aufrufen,
- oben rechts „Anmelden" anklicken,

- nun können Sie sich mit Ihrem bereits erstellten Google-Konto (E-Mail-Adresse + Passwort) anmelden,
- durch das Anklicken des Punkte-Quadrats oben rechts, können Sie die Google-Apps aufrufen, wählen Sie YouTube,
- wählen Sie in der Menüleiste auf YouTube oben links „Mein Kanal",
- bestätigen Sie YouTube verwenden als... und klicken Sie auf „Kanal erstellen",
- laden Sie Ihr Foto mit „Kanalbild hinzufügen" hoch,
- klicken Sie auf den Button unterhalb des Kanalbildes „Kanalbeschreibung und erforderliche Anbieterinformationen",
- nun können Sie loslegen und eigene Videos hochladen mit dem Button oben rechts „Hochladen".

3.8. Tumblr

Tumblr ist eine weitere Plattform, auf der Sie präsent seine sollten, um die Auffindbarkeit Ihres Unternehmens und Ihrer angebotenen Produkte/Dienstleistungen in den Suchmaschinen zu erhöhen. Sie richten auch hier wieder ein Profil mit Ihrem Unternehmerportraitfoto sowie Ihren Kontaktdaten ein und können dann Fotos Ihrer Produkte mit Beschreibungen und Verlinkungen sowie den Hashtags (#) für die Auffindbarkeit posten. Auch hier sollten Sie wieder sonstigen Content zu Veranstaltungen, Messen und allgemein zu interessanten Themen mit Bezug zu Ihren Produkten veröffentlichen, um das Publikum dort zu entertainen und bei der Stange zu halten.

Ich bin bei Tumblr hier zu finden:

http://sawahqigong.tumblr.com/

Arbeitsschritte

- rufen Sie www.tumblr.com auf,
- klicken Sie auf den Button „Leg los",
- geben Sie E-Mail, Passwort und Username ein und dann klicken Sie auf den Button „Registrieren",
- geben Sie Ihr Alter ein und bestätigen Sie die Nutzungsbedingungen,
- geben Sie 5 Interessen an,
- inzwischen haben Sie eine E-Mail erhalten, mit der sie Ihre E-Mail-Adresse bestätigen müssen,
- klicken Sie oben rechts das „Männchen" an und Sie können dann weitere Einstellungen und Profilergänzungen vornehmen (Header-Bild, Avatar, Seitentitel, Beschreibung etc.).

3.9. **Xing**

Xing ist genau wie LinkedIn ein Berufsnetzwerk, diesmal jedoch mit dem Schwerpunkt auf Deutschland und nicht International. Sie veröffentlichen wieder ein professionelles Portraitfoto, das Sie als Unternehmer darstellt. Sie geben Ihre Qualifikationen in einen digitalen Lebenslauf ein und präsentieren sich so als kompetenten Fachmann für ihr Spezialgebiet, in dem Sie auch Ihre Produkte und Dienstleistungen anbieten. Ihre Unternehmenskontaktdaten runden Ihr Profil ab. Auf Xing gibt es auch diverse Interessen-Gruppen. Ich als Buchautor habe mich zum einen den Buchgruppen, zum anderen aber auch den zu meinen einzelnen Büchern passenden Sportgruppen, z.B. Krav Maga, Qigong, Taijiquan etc., angeschlossen. Dort habe ich dann meine Bücher den anderen Gruppenmitgliedern vorgestellt. Natürlich wieder mit der entsprechenden Verlinkung zum Shop bzw. zum Angebot bei Amazon. Wer sich für eins meiner Produkte näher interessiert, kann bei Amazon einen Blick ins Buch werfen und dieses dann dort auch kaufen, wobei ich dann doppelt profitiere.

Mein Profil bei Xing:

https://www.xing.com/profile/Stefan_Wahle3

www.xing.com

Arbeitsschritte

- rufen Sie die Seite www.xing.com auf;
- füllen Sie das Registrierungsformular auf der Startseite aus (Vorname, Nachname, E-Mail und Passwort) bestätigen Sie die AGB und klicken Sie auf den „Jetzt registrieren"-Button;
- nach kurzer Zeit müssten Sie nun eine Bestätigungs-E-Mail von Xing in Ihrem Postfach vorfinden. Klicken Sie den

Link in der Mail an und beantworten Sie dann die weiteren Fragen von Xing (derzeitige Beschäftigungssituation, Erwartungen an die Mitgliedschaft, Berufsbezeichnung, Name des Unternehmens, Branche);
- Sie können dann die Art der Mitgliedschaft wählen, wobei die Basis-Mitgliedschaft kostenlos ist;
- in der Kopfzeile sehen Sie die weiteren Arbeitsschritte: Profil anlegen (u.a. mit Profilbild, Kontaktangaben privat/geschäftlich und Angaben zu Ausbildung, Berufserfahrung, Kenntnissen, Fähigkeiten und was Sie suchen), Kontakte hinzufügen, Gruppen beitreten.

3.10. Flickr

Die Seite www.flickr.com ist eine 2004 gestartete Plattform, auf der Sie Fotos Ihres Unternehmens und der von Ihnen angebotenen Produkte nebst Beschreibungen anderen Nutzern präsentieren können. Flickr ist ein Produkt des 2002 gegründeten, kanadischen Unternehmens Ludicorp Research & Development Ltd. und wurde im März 2005 von Yahoo aufgekauft. Offiziell hat die Plattform 77 Millionen User und ist seit 2007 auch auf Deutsch verfügbar. Die hochgeladenen Fotos (bis zu 1.000 GB stehen Ihnen insgesamt zur Verfügung!) Können in Kategorien (Tags) sortiert werden und sind dann für andere interessierte Nutzer leicht auffindbar. Fotos können also mit einer Stichwortsuche aufgefunden werden. Es besteht auch die Möglichkeit, Videos mit einer Laufzeit von bis zu 3 Minuten hochzuladen. Auch dies ist eine weitere

Darstellungsmöglichkeit für Ihr Unternehmen.

www.flickr.com

<u>Arbeitsschritte</u>

- rufen Sie die Seite www.flickr.com auf;
- klicken Sie auf den Button „Registrieren" und es öffnet sich ein Yahoo-Registrierungsformular (benötigte Angaben: Vorname, Nachname, E-Mail, Passwort, Geburtsdatum);
- bestätigen Sie, dass Sie kein Roboter sind;
- mittlerweile müssten Sie eine Bestätigungsmail an Ihre angegebene E-Mail-Adresse erhalten haben. Diese erhält einen numerischen Account-Schlüssel, den Sie bei der weiteren

Registrierung eingeben müssen. Tests haben gezeigt, dass es zu Problemen kommen kann, wenn Sie keine Yahoo-E-Mail-Adresse angeben. Dann kann es sein, dass die Mail nicht bei Ihnen ankommt. In diesem Fall müssen Sie sich zunächst unter https://de.yahoo.com/ ein dortiges Mail-Account einrichten. Mit der Yahoo-Mail-Adresse beginnen Sie dann erneut den Registrierungsprozess bei flickr.com.

- Wählen Sie einen Flickr-Benutzernamen und vervollständigen Sie das weitere Formular, bestätigen mit „Weiter" und schon können Sie jetzt mit dem Hochladen Ihrer Fotos beginnen. Am Anfang steht wie so oft das „Profilfoto".

3.11. Erstellung weiterer Seiten, Blogs und Pressemitteilungen im Internet

Je mehr Sie die Informationen und Fotos über Ihr Unternehmen und Ihre Produkte/Dienstleistungen im Internet verbreiten, desto besser werden diese Inhalte durch die Suchmaschinen Google & Co. gefunden. Sie erhöhen dadurch die Anzahl der Positionen in den Suchergebnissen. Es macht also durchaus Sinn, neben dem „Zentrum", Ihrer Internetseite, sowie der Nutzung der bisher vorgestellten Social Media Instrumente, weitere Seiten, Blogs und Pressemitteilungen im Internet zu platzieren. Dafür werde ich nachfolgend einige kostenlose Möglichkeiten kurz vorstellen.

www.presseanzeiger.de

Auf der Plattform www.presseanzeiger.de können Sie kostenlos PR-Artikel über Ihr Unternehmen und Ihre Produkte/Dienstleistungen inklusive Fotos veröffentlichen. Meine Erfahrungen haben gezeigt, dass diese Artikel und die veröffentlichten Fotos sehr gute Listenergebnisse bei Google-Suchen erzielen.

Einen beispielhaften Artikel von mir in auf dieser Plattform finden Sie unter diesem Link: http://www.presseanzeiger.de/pa/6-Dan-Ju-Jutsu-fuer-Stefan-Wahle-aus-Hamburg-zum-30-jaehrigen-815981

www.wordpress.com

Auf der Plattform www.wordpress.com können Sie kostenlos einen Blog für Ihr Unternehmen einrichten, den Sie für die Darstellung Ihres Unternehmens und Ihrer Produkte nutzen können. Diesen Blog können Sie auch mit Ihren Profilen bei z.B. Twitter oder Facebook verbinden. Tweets und Veröffentlichungen auf Ihrer Facebook-Seite erscheinen so automatisch auch in diesem Blog und Sie tragen so zur Verbreitung Ihrer Mitteilungen im Internet durch eine breite Streuung bei.

Meine bespielhafte Seite bei wordpress.com finden Sie hier:
https://stefanwahleblog.wordpress.com/

www.blogspot.de

www.blogspot.de ist eine weitere Möglichkeit, einen kostenlosen Blog einzurichten.

Beispielhaft finden Sie hier meine Präsentation als Buchautor:
http://stefanwahleautor.blogspot.de/

www.wix.com

Auf www.wix.com können Sie kostenlose Seiten und Shops generieren.

Meine bespielhafte Seite speziell für meine Bücher zum Thema Ju-Jutsu inklusive Produktverlinkungen zu Amazon finden Sie hier:
http://stefanwahle6.wixsite.com/ju-jutsu

https://de.jimdo.com/beispiele/

Auch bei Jimdo können Sie kostenlose Internetseiten erstellen.

Mein Beispiel:
https://tannimann.jimdo.com/

www.dipago.de

Bei www.dipago.de können Sie eine kostenlose Page gestalten und veröffentlichen.
Meine Beispielseite:
https://stefan-wahle-buchautor.dipago.de/

<u>Arbeitsschritte</u>

- rufen Sie die Seite www.dipago.de auf;
- klicken Sie den großen, orangefarbenen Button „Jetzt kostenlos anmelden" an;
- geben Sie Ihre E-Mail-Adresse an und klicken Sie auf „kostenlos anmelden",

dann erhalten Sie einen Bestätigungslink per Mail, diesen anklicken und die Daten vervollständigen (Wunschname, Passwort und Bestätigung der AGB/Datenschutzerklärung);
- nun können Sie mit der Gestaltung Ihrer eigenen Page in Eingenregie oder mithilfe des Assistenten beginnen.

Branchenportale

Melden Sie sich in kostenlosen, einschlägigen Branchenportalen an und tragen Sie dort Ihre Unternehmensdaten ein.

Ich bin z.B. als Autor und Journalist bei dem Medien-Portal „Kress" gelistet. Das sieht dann so aus:
https://kress.de/koepfe/kresskoepfe-detail/profil/30379-stefan-wahle.html

3.12. ORM

Online Reputation Management

Beim Online Reputation Management (ORM) geht es um die aktive Pflege Ihres „guten Rufes" im Internet. Durch Ihre gesamten Marketing-Maßnahmen versuchen Sie, sich und Ihre Produkte oder Dienstleistungen positiv darzustellen. Das ist jedoch keine Einbahnstraße. Man wird auch auf Sie reagieren. Ihre Kunden und Konkurrenten reagieren im Netz auf Ihre Werbung. Darüber müssen Sie ständig den Überblick behalten und notfalls Schadensbegrenzung betreiben. Auf Kritik muss schnellstmöglich reagiert werden und Beschwerden müssen serviceorientiert aus der Welt geschafft werden, bevor sich daraus ein möglicher Shitstorm ergibt. Also nochmals, schützen Sie Ihre Marke durch permanente Überwachung, guten Kundenservice, einen angemessenen und plattformabhängigen Ton und geben Sie auch Fehler zu, entschuldigen sich dafür und beheben sie!

Praktisch sieht das so aus, dass Sie Suchmaschinenergebnisse (u.a. mit Google) zu Ihrer Person, Ihrem Unternehmen und Ihren Produkten auswerten, die Reaktionen auf Ihre Veröffentlichungen überwachen sowie Bewertungsseiten überprüfen. Daraus können Sie ablesen, wie erfolgreich Sie sind. Und bedenken Sie stets, dass sich negatives Feedback besonders schnell verbreitet. Ein guter Ruf ist deutlich schneller zerstört, als er aufgebaut wurde!

Überprüfen Sie auch vor und nach Verwendung Ihrer Hashtags, ob diese evtl. negativ belastet sind und Sie damit lieber nicht in Verbindung gebracht werden möchten (#-Suche: tagboard.com, hashtagify.me).

In der Regel sollten Sie auch keine negativen Kommentare löschen, denn dies kann schwerwiegende Folgen haben, da Kunden dies wiederum negativ sehen und sich zensiert fühlen. Dann lieber stehen lassen und kundenorientiert mit Entschuldigung und Angebot der Fehlerbehebung öffentlich reagieren.

Wenn die Kritik falsch ist, können Sie sie entfernen (lassen) oder besser noch Beweise darlegen, dass diese Vorwürfe nicht richtig sind.

Ich hatte das Problem, als ich mein erstes Krav Maga Lehrbuch veröffentlicht habe, dass mir dies vom Chef eines konkurrierenden Verbandes, der selbst ein derartiges Buch veröffentlicht hatte, übelgenommen wurde. Er mobilisierte einige seiner Schüler, auf Amazon negative Produktbewertungen mit falschen Vorwürfen zu veröffentlichen. Ich versuchte zunächst, mit Amazon Kontakt aufzunehmen und diese falschen Bewertungen entfernen zu lassen. Leider ohne Erfolg! Also habe ich auf die einzelnen Kritikpunkte reagiert und versucht darzulegen, dass diese haltlos und einfach falsch sind. Die Schwierigkeit ist dabei natürlich, dass dadurch die 1-Sterne-Bewertungen nicht aus der Welt und klar sichtbar für potentielle Käufer sind, die sich dadurch eventuell abschrecken lassen. Früher hatte man noch die nicht ganz legale Möglichkeit, professionelle Agenturen zu engagieren, die dann positive 5-Sterne-Bewertungen abgaben und so die Negativbewertungen ausglichen. Einen derartigen Service habe ich selbstverständlich nie in Anspruch genommen und mittlerweile wurde dies auch durch Maßnahmen von Amazon unterbunden. Ich wollte Ihnen nur verdeutlichen, dass man auch die Konkurrenz im Blick behalten muss, die mitunter ein gezielt böses Spiel mit einem treiben kann.

3.13. Die Strategie

Die Strategie für unsere Online-Kampagnen können wir mit S.O.S.T.A.C. planmäßig entwickeln und durchführen.

S = Situation Analysis = Situationsanalyse:

Wir stellen uns die Frage, wo wir heute stehen und analysieren somit die derzeitige Situation, Stichwort „Bestandsaufnahme".

O = Objectives = Ziele:

Als Nächstes beschäftigen wir uns mit der Frage, wohin wir gehen wollen und definieren so unsere Ziele.

S = Strategy = Strategie:

Nun geht es um die Frage, wie wir von unserem derzeitigen Status aus unsere definierten Ziele erreichen wollen.

T = Tactics = Detailplanung:

Hierbei handelt es sich um die Verfeinerung der Strategie. Wir erstellen im Detail einen klar strukturierten Umsetzungsplan, mit welchen Maßnahmen wir die Strategie durchführen wollen.

A = Action = Umsetzung:

Wir führen unsere Aktivitäten gemäß Detailplanung durch.

C = Controlling = Qualitätssicherung:

Dies beinhaltet Kontrolle und Evaluierung. Die Frage dabei ist, konnten wir mit der Durchführung unserer Aktivitäten unsere definierten Ziele erreichen und wie können wir das Ergebnis verbessern.

Bleiben Sie stets fokussiert und verfolgen den Plan. Die Strategie und deren zuvor erläuterte Umsetzung erlaubt Ihnen, Ihren Erfolg zu ermitteln und gibt Ihnen Entscheidungshilfen für die Zukunft in die Hand. Welche Marketingmaßnahme war erfolgreich und sollte fortgeführt werden und welche Maßnahme ist gescheitert. So vermeiden Sie sinnlose Werbeausgaben oder zumindest sinnlose Zeitverschwendung für erfolglose Aktivitäten.

Werkzeuge für das Strategiemanagement liefert Ihnen z.B. hootsuite.

3.14. Datenanalyse

Daten sind zunächst einmal rohe Informationen, zählbare harte Fakten, wobei alles zusammen getragen werden kann.

Die Datenanalyse ist dabei eine statistische Methode, mit der die zusammengetragenen Daten ausgewertet und tabellarisch oder grafisch dokumentiert werden.

Warum tun wir dies?

Zum einen brauchen wir dies für das Profiling. Also der Definition unserer Zielgruppe. Wir müssen wissen, welche Ziele und Wünsche unsere potentiellen Kunden haben. Wir wollen auch wissen, ob unsere Werbekampagne funktioniert und wieviel Umsatz oder wie viele Klicks wir damit generieren. Nur so können wir unsere Konversionsrate verbessern und potentielle Kunden zu echten Kunden machen, die etwas bei uns kaufen. Die Datenanalyse hilft uns bei der Gestaltung unserer Strategie; wir können mit den daraus gewonnenen Erkenntnissen fundierte Entscheidungen treffen und minimieren so das Risiko einer schlechten Kampagne.

In der praktischen Anwendung sieht das dann so aus, dass Sie Änderungen in Ihren Maßnahmen erst nach einer Datenerhebung und Auswertung vornehmen. Dann haben Sie nämlich die Möglichkeit, nach erneuter Datenerhebung und Auswertung die erfolgten Veränderungen mit positivem oder negativem Ergebnis zu ermitteln. Sie wissen dann, was Ihnen die Maßnahmenänderungen gebracht haben und ob sie sinnvoll waren oder nicht. Es ist ein ständiges Nachjustieren erforderlich. Eines der bekanntesten Instrumente beim Vergleich von Maßnahmen ist der A/B-Test, der in Kapitel 5 dieses Buches näher erläutert wird.

Untersuchen Sie Ihre Ertragsstruktur. Wieviel nehmen Sie pro Lead ein. Bewerten Sie damit Ihre Kampagne und prüfen so deren Berechtigung. Vergleichen Sie die Ausgaben für die Kampagne mit den dadurch erzielten Einnahmen.

4. Drucksachen als Werbemittel

Auch im digitalen Zeitalter kommen Sie um die gute alte gedruckte Werbung nicht herum, denn Sie müssen Ihr digitales Angebot so auch in der realen Welt zusätzlich bekannt machen.

4.1. Visitenkarten, Postkarten, Flyer, Plakate etc.

Selbstverständlich brauchen Sie als Unternehmer Visitenkarten, die Sie immer (auch privat) dabeihaben sollten. Darauf sollten Ihre Kontaktdaten inkl. Ihrer Internetseite und auf der Rückseite Ihre Tätigkeitsschwerpunkte oder Produkte aufgelistet sein. Auf meinen Visitenkarten steht, dass ich Buchautor mit den Schwerpunkten Krav Maga, Ju-Jutsu, Taijiquan und Qigong bin. Meine Autorenwebsite www.sw-sportbuch.de findet Erwähnung sowie mein eigener Buch-Shop www.buch.guru. So kann jeder gleich sehen, was ich mache, anbiete und vor allem, wo man meine Produkte erwerben kann. Selbst auf privaten Partys kommt man ins Gespräch und kann Interessenten gleich eine Karte geben. Daraus haben sich schon so manche Geschäftskontakte ergeben und ich konnte Umsatz generieren. Ich habe für meine Website und einzelne Bücher auch Postkarten (A 6) und Flyer im DIN lang Format produzieren lassen, wovon ich möglichst immer einen gewissen Handbestand dabeihabe. Darauf könnte man auch einen QR-Code mit Verlinkung auf die eigene Website oder zum Angebot im Shop/Amazon platzieren. Damit macht man es den Leuten besonders einfach, mal eben schnell durch Einlesen des QR-Codes auf dem mobilen Endgerät das Angebot aufzurufen. Wenn ich nun in einer Kneipe oder einem Restaurant bin, gibt es oftmals vor den Toiletten diese Ständer mit Werbepostkarten oder Flyern. Natürlich bestücke ich diese dann auch mit meinen Werbedrucken aus meinem Handbestand. Wenn ich zu Lesungen oder Sportveranstaltungen gehe, nehme ich natürlich ein bisschen mehr an Werbematerial mit, welches ich dann in eigenen Acrylständern aufstelle. Diese Acrylständer für Visitenkarten, Postkarten und Flyer kann man günstig bei Amazon oder eBay erwerben. Vergleichen Sie dort die Angebote! Machen Sie sich und Ihr Angebot präsent, wo Sie nur können! Für diese vorgestellten Werbedrucke müssen Sie nicht teure Grafiker und Drucker engagieren. Ich produziere alles über Vistaprint. Dort kann man unter einer Vielzahl von Vorlagen das passende für sich finden und textlich auch ohne technische Kenntnisse selber anpassen. Es sieht professionell aus und ist kostengünstig. Es gibt dort auch schöne und praktische Adressaufkleber und Magnetwerbeschilder für das Auto. Schauen Sie einfach mal rein! www.vistaprint.de

4.2. Bekleidung mit Werbeaufdruck

Wir alle machen Werbung mit der Bekleidung, die wir tragen...nur leider nicht für uns! Da steht dann Esprit oder BOSS riesengroß drauf. Sponsern Sie zukünftig nicht mehr andere Unternehmen, sondern seien Sie Ihr eigener Werbesponsor!

Wenn ich an Sportveranstaltungen teilnehme, steht auf meinen T-Shirts, Hosen, Jacken und Mützen meine Autorenwebsite www.sw-sportbuch.de. Wenn ich dann auch noch erfolgreich an den Wettkämpfen teilgenommen habe, stehe ich mit meiner Werbebekleidung auf dem Siegertreppchen in der Öffentlichkeit und werde für den Artikel im Lokalblatt so fotografiert. Besser und kostengünstiger kann man seine Werbebotschaft nicht platzieren.

Wenn ich zu Lesungen oder auf Buchmessen gehe, steht auf meinen Sweatshirts riesengroß www.buch.guru. Jeder soll sehen, welches Unternehmen ich repräsentiere (nämlich mein eigenes!) und wo er die von mir angebotenen Produkte erwerben kann. Ich lasse mich dann auch dort mit meiner Werbebekleidung fotografieren und benutze die Fotos für Pressemitteilungen und für meine Posts in den diversen sozialen Netzwerken. Hier greift wieder eins in das andere.

Die Werbebekleidung kann man selber und völlig ohne Grafikkenntnisse bei Spreadshirt entwerfen und bestellen. Es geht sogar noch so weit, dass Sie bei Spreadshirt einen eigenen „Merchandising-Shop" einrichten können. Wenn dies zu Ihrem Angebot passt, wäre auch das eine interessante Idee, über die Sie nachdenken sollten. Sie schaffen so eine gewisse Kundenbindung an Ihre Marke und generieren zusätzlichen Umsatz.

Ich habe für meine beim Deutschen Patentamt eingetragenen Sportmarken passend zu meinen Sportbüchern Sportbekleidung entworfen. Schauen Sie doch mal bei meinem Shop rein:

http://sawah.spreadshirt.de/

www.spreadshirt.de

Beispiele für Werbemittel finden Sie auf der Facebookseite zum Buch:

www.facebook.com/marketing.mit.social.media

5. Erläuterung von Fachbegriffen

Abonnenten:

Leute, die mir folgen, auch „Follower" genannt

A/B-Test:

auch Split-Testing genannt; Vergleich von 2 Versionen einer Website, Werbeanzeige oder E-Mail zur gleichen Zeit, um zu ermitteln, welche von beiden besser performt (eine bessere Konversionsrate erzielt); ein Beispiel aus meinem Bereich: ich bin immer wieder erstaunt, was selbst kleinste Veränderungen bewirken können. Hin und wieder teste ich zwei verschiedene Varianten von Buchcovern, inklusive unterschiedlichen Buchtiteln. Obwohl der Inhalt der Bücher jeweils gleichbleibt, löst die Variation des äußeren Erscheinungsbildes des Buches unterschiedliche Kaufreaktionen aus. Manchmal verkauft sich eine Variante einfach deutlich besser als die andere. Ich spreche andere und damit auch mehr Käufer an. Ein Versuch lohnt also!

Selbst der Gründer von Microsoft Bill Gates sagte 2008: „Wir sollten den A/B-Test viel häufiger nutzen, als wir es heute tun."

Hier gibt es Testunterstützung:

www.optimizely.com/de

ARPL = Average Revenue per Lead:

durchschnittlicher Umsatz pro potentiellen Kunden; wird berechnet, indem man den Gesamtumsatz durch die Anzahl der Leads teilt

ARPA = Average Revenue per Acquisition or Account:

wird berechnet, indem man den Gesamtumsatz durch die Anzahl der zahlenden Kunden teilt

bitly.com:

Tool zum Verkürzen von Links, um diese z.B. bei Twitter aufgrund der Zeichenbegrenzung (140 zurzeit) verwenden zu können

Bounds:

die Absprungrate von einer Website

Call-to-action-Button:

Schaltfläche, auf der mit einem Klick eine Aktion ausgelöst werden kann, z.B. „Kauf"-Button oder Weiterleitung auf meine Internetseite

Content:

der Inhalt; Informationen, die anderen verfügbar gemacht werden

Copy:

schriftlicher Inhalt auf Internetseiten; Text zum Bild

Direktnachricht:

Privatnachricht zwischen zwei Nutzern; nicht öffentlich

E-Commerce:

kommerzielle Transaktionen, welche elektronisch im Internet ausgeführt werden, z.B. eBay, Amazon

Erwähnung:

@Benutzernamen eines anderen im Tweet bei Twitter erwähnen (z.B. „@StefanWahle")

Gruppen:

Gemeinschaften auf Plattformen mit gemeinsamen Interessen

Hashtag:

#; Schlagwort; erleichtert das Auffinden von Beiträgen/Posts/Tweets (z.B. #sport, #mode)

Impressionen:

wie oft wurde ein Tweet bei Twitter gesehen

InMail:

so heißt das E-Mail-Programm von LinkedIn

KEY:

Keep Educating Yourself

Kontaktgrade:

auf LinkedIn gibt es die „Direktkontakte", also Personen, mit denen Sie direkt verbunden sind. Kontakte 2. Gades wiederum sind dann die Direktkontakte Ihrer Direktkontakte.

Konversion:

gibt an, wie viele der Interessenten zu echten Kunden werden. Dabei können auch „likes", das Ansehen eines Videos oder das Aufrufen einer Website als Konversionserfolg definiert werden

KPI:

Key Performance Indicators; Zielvorgaben für Kennzahlen; Kennzahl über die Leistungen kommerzieller Markttätigkeit

Leads:

potentielle Kunden

Marketing:

Werbung + Präsentation meines Unternehmens

Marktforschung:

es wird ermittelt, wie oder warum etwas funktioniert; Suche nach Erklärungen für Erfolg oder Misserfolg eines Produkts oder einer Maßnahme

Monetarisierung:

Prozess, durch den aus einem Produkt finanzieller Nutzen gewonnen wird

Multi-Plattform Management:

planmäßige Postings zeitgleich auf verschiedenen Plattformen, z.B. mit hootsuite, socialmention

ORM:

Online Reputation Management; Steuerung des „guten Rufs" des eigenen Unternehmens

Page Impressions:

Seitenabrufe

Planmäßige Postings:

z.B. Tool bei Facebook, um Posts zu bestimmten Zeiten zu veröffentlichen; externe Tools: hootsuite, buffer

PPM = Percentage Profit Margin:

ist der prozentuale Anteil des Ertrages am Umsatz

Presence:

wo sind die Anderen anwesend; das Wissen darum, inwieweit andere User Zugriff auf Inhalte haben

Profiling:

Auswahl meiner Zielgruppe; welche Ziele haben meine potentiellen Kunden

QR-Code

englisch: Quick Response, „schnelle Antwort", ist ein zweidimensionaler Code, der von der japanischen Firma Denso Wave im Jahr 1994 entwickelt wurde; kostenloser Generator z.B.: http://goqr.me/de/ oder http://www.qrcode-monkey.de/

Quick-Timers:

zeitabhängig, z.B. Statusaktualisierungen

Relationship:

online Beziehungen zu Kunden

Responsive Design:

ansprechendes Design Ihrer Präsentation für alle Endgeräte, egal, ob PC, Tablet oder Smartphone

ROIM:

Return on Investment Marketing; was stecke ich rein, was bekomme ich heraus

Retweet:

Weiterveröffentlichung eines fremden Tweets bei Twitter und damit virale Verbreitung

Shitstorm:

massive Flut von negativen Nachrichten in den sozialen Netzwerken als Reaktion auf die Verärgerung Ihrer Follower aufgrund einer falschen Aktion durch Sie, was dem Ansehen Ihrer Marke schadet

Slow-Timers:

weder orts- noch zeitabhängig, z.B. Wikipedia-Artikel

Social Community:

Gemeinschaft von Leuten, die miteinander interagieren, dies können z.B. die Fans einer bestimmten Marke sein. Da hinter steckt der psychologische Gedanke „wir alle wollen zu einer Gruppe gehören und ein positives Bild dieser Gruppe haben"

Social Content:

Informationen, die von einer Internetseite oder einem anderen elektronischen Medium zu Konsumzwecken verfügbar gemacht werden

Social Media:

Werkzeug, um mit Fans und Kunden zu kommunizieren

Social Sharing:

das Teilen sozialer Inhalte

Social Targeting:

die richtige Zielgruppe suchen

Space-Locators:

ortsgebundene Nutzung der sozialen Netzwerke; z.B. Restaurant in London; Beispiel Plattform YELP

Space-Timers:

Nutzung der sozialen Netzwerke an bestimmten Ort zur bestimmten Zeit, z.B. auf einem Musik-Festival

Traffic:

der Datenverkehr

Tweet:

Post bei Twitter mit 140 Zeichen; in Planung 10.000 (?)

TweetDeck:

Tool, um einen Twitter Account managen und analysieren zu können

Virales Marketing:

Prinzip Mundpropaganda; Weitergabe von Informationen durch „Teilen"